TB 55 2520

AF339788

HAUTS CONSPIRATEURS POLITIQUE

DE 1852

DÉVOILÉS

RÉVÉLATIONS CURIEUSES ET INÉDITES

PAR M. JACQUES-BROGLIO

PRIX : 1 FRANC

PARIS

GARNIER FRÈRES, LIBRAIRES

PÉRISTYLE D'ORLÉANS

PALAIS-ROYAL

1852

AU LECTEUR

C'est presque toujours de longue main, par de sourdes trames, habilement conduites, que les agitateurs préparent de grands événements, les font éclater, même s'accomplir.

Sous l'apparence du calme le plus profond, les partis anarchiques tentent, par des écrits incendiaires imprimés et publiés à Londres et à Bruxelles, et répandus clandestinement en France, d'organiser une nouvelle catastrophe révolutionnaire.

Les menées un moment assoupies relèvent ainsi la tête ; et, comme pour se venger, elles sèment l'inquiétude sur la route qu'elles parcourent, raniment les passions, impriment une agitation toute fébrile à cette population ardente, toute prête à lever l'étendard de l'insurrection.

Légitimistes purs, légitimistes ralliés, orléanistes, démagogues, socialistes, ont repris courage ; tous semblent agir dans un but commun, celui de préparer, par la presse, par l'appel aux passions politiques, les esprits à une transformation gouvernementale en France.

Londres et Bruxelles sont les deux foyers des conspirations légitimistes, orléanistes et démagogiques. C'est sous la protection des gouvernements de ces pays qu'on publie des journaux, des manifestes, des libelles contre le prince-président de la république française, contre les hommes qui l'entourent et qu'il a associés au gouvernement de l'état ; c'est sous les drapeaux de l'étranger, de souverains qui se disent nos alliés, qu'on ourdit une nouvelle conjuration, qui a d'immenses ramifications, contre différents états de l'Europe, notamment contre la France.

Les faits que je vais dévoiler sont puisés dans les écrits, dans les pièces que j'ai sous les yeux. Les jugements que je porte sont l'écho de toutes les âmes honnêtes, de tous les amis de l'ordre public, d'une sage liberté qui réprime la licence effrénée et sauvegarde la société de continuelles perturbations sociales qui enraient le char de la civilisation européenne, qui arrêtent le cours des travaux, qui tarissent toutes les sources des prospérités commerciale et industrielle. Je signale directement comme conspirateurs ceux qui agissent par leurs actes, et je distingue ceux qui ne font qu'exprimer leurs sympathies.

Je suis la voix qui dénonce franchement à la face du ciel, et non par des moyens ténébreux, de cruels projets, de sacriléges attentats contre la sûreté publique de l'Europe et de la France.

Je suis le cri des enfants, des vieillards, des femmes, qui ne désirent que du travail, que donne l'ordre et la paix pour le chef de la famille, afin d'avoir une existence assurée.

Je suis le soupir des orphelins et des veuves qui supplient que leur dernière ressource ne vienne pas à tarir par les troubles et les désordres publics.

Je suis la justice qui flétrit les conspirateurs, les agitateurs, les anarchistes, qui, pour des théories inapplicables ou pour une substitution de gouvernants par des ambitieux, veulent plonger la France dans les horreurs de la guerre civile, où la passion politique, l'exaltation extrême, portent le frère à croiser le fer contre le frère.

Je suis la conscience calme et sereine de l'homme d'ordre qui n'a point reçu mission étrangère d'écrire, mais qui le fait de son libre arbitre.

Tous ceux qui veulent le maintien d'une société régulièrement organisée, qui comprennent que la prospérité est inséparable de l'ordre public; tous ceux qui ne doutent ni de la liberté, ni de la justice éternelle, trouveront dans ces pages des révélations importantes sur les menées orléanistes, légitimistes, démagogiques, et des considérations politiques qui en sont la conséquence naturelle.

Je divise cette brochure en deux parties : la première est consacrée à un coup d'œil rétrospectif succinct sur la situation politique de la France en 1848; la seconde, après un coup d'œil rapide sur les intrigues ourdies dans les clubs, dans les sociétés secrètes, révèlera les menées, les conspirations ourdies à l'étranger par les divers partis anarchiques qui rêvent de se disputer comme une proie le pouvoir des Français, alors que le gouvernement prend à tâche d'assurer le maintien de la tranquillité publique, de procurer du travail, de l'aisance, de donner à la famille son repos, à la propriété ses garanties, au commerce sa sécurité, à la justice terrestre son autorité.

HAUTS CONSPIRATEURS DE 1852

DÉVOILÉS

Situation de la France et de l'Europe en 1848.

Avant d'entrer dans l'exposé des faits relatifs aux conjurations des trois partis anarchiques, qu'il me soit permis de jeter un coup d'œil rapide sur les péripéties qui se sont accomplies depuis la révolution française du 24 février 1848, sur le rôle politique joué par le prince-président. L'année de 1848, si féconde en événements de toute espèce, et qui a réuni toutes les extrémités des choses humaines, est la source de tout ce que nous voyons se dérouler sous nos yeux depuis 5 ans.

Lorsque le 24 février 1848, aux cris répétés de : *Vive la Réforme !* le gouvernement de Louis-Philippe résista à la voix nationale par des coups de feu, le peuple déchaîné brisa cette royauté bâtarde, usurpatrice, et il alla rejoindre dans l'exil la branche aînée des Bourbons.

Quiconque songe au passé et au présent, quiconque réfléchit sur les bizarreries des choses humaines, doit convenir que jamais ces théâtres où l'imagination se joue en créations arbitraires n'offrirent des événements si merveilleux, des changements de décorations si rapides, que le grand drame des choses humaines en a offert dans l'année 1848.

Au commencement de 1848, Louis-Philippe est assis sur le trône, environné de ses trois fils et de ses treize petits-enfants, appuyé sur une chambre des députés dont l'immense majorité lui est soumise et obéissante, sur une chambre des pairs qui lui est tout entière dévouée. Les augures les plus hardis osent à peine prévoir qu'à la fin de son règne de graves complications peuvent surgir et faire sortir le sceptre de sa famille. A la fin de février 1848, Louis-Philippe et sa famille étaient déjà en exil. Le château royal de Neuilly est saccagé ; l'ancien roi des Français, rongé par un chagrin cuisant, descend lentement dans la tombe ; sa famille habite Claremont. Sa chute commence à devenir un de ces événements lointains qu'on aperçoit dans les ombres du passé.

Au commencement de 1848, Louis-Napoléon Bonaparte, récemment échappé, sous le costume d'un ouvrier, de la prison de Ham, dans laquelle il a été retenu pendant si long-temps, cache en Angleterre sa vie proscrite, exilée. A la fin de 1848, Louis-Napoléon Bonaparte, élu par la nation, le 10 décembre 1848, président de la République française, vient s'installer à l'Elysée, et il a ou il a eu pour ses ministres d'anciens ministres de Louis-Philippe, MM. de Malleville, Odilon Barrot, Passy.

Ainsi tourne la roue de la fortune ! ou plutôt ainsi éclatent les grands enseignements de la Providence, qui, soit qu'elle abaisse, soit qu'elle élève, donne aux peuples et aux politiques de sages mais de sévères leçons. Qui l'aurait pensé, qui donc aurait osé le dire, que la chute d'une dynastie qui semblait si bien établie serait si complète, si subite, si définitive ; qu'avec cette armée immense, ces fortifications dont on faisait tant de bruit, cette majorité parlementaire si dévouée, une seule journée emporterait ce pouvoir qui avait employé dix ans à enfoncer ses racines dans le sol ? Personne ne l'aurait pensé, et cependant les choses se sont ainsi accomplies parce que Dieu l'a voulu. Qui l'aurait pensé ? et même, en le pensant, qui donc aurait osé le dire, que M. Louis-Napoléon Bonaparte deviendrait le premier magistrat de la République française ? Personne ne l'aurait pensé. Tout le monde aurait eu tort : le 24 février, la monarchie avait cessé d'exister, et nous étions en pleine République. La Rochefoucauld avait donc raison de dire : « Tout arrive en France » ; et après les spectacles que nous avons eus sous les yeux pendant le cours de l'année 1848, c'est une dérision que de nous dire qu'une chose est difficile, improbable, impossible et qu'elle n'arrivera pas.

Nous avons vu, en effet, dans le cours de 1848, M. Lamartine le poète partager avec M. Arago l'astronome, M. Ledru-Rollin, ce Marius de la basoche, M. Louis Blanc l'utopiste, M. Marrast le publiciste, M. Flocon le conspirateur émérite et le roi des estaminets, et M. Albert l'ouvrier. Nous avons assisté à cette folle mais triste journée de la politique qu'on appelle le gouvernement provisoire. Nous avons vu George Sand se présenter comme l'organe officiel du gouvernement de la France et le publiciste en pied du pouvoir exécutif. Nous avons lu les fameux bulletins de la République. Nous avons ouï les vociférations des clubs ouverts comme autant de soupiraux de l'enfer socialiste et révolutionnaire. Quelles clameurs ! quelles idées ! quelle langue pétrie de lave, de boue et de sang ! quels hommes surtout !

La plupart des clubistes sont *un moment* une puissance : M. Blanqui est une puissance, M. Raspail est une puissance, et ce Pic de la Mirandole sauve l'humanité dans ses harangues, sans oublier de la camphrer ; M. Cabet est une puissance ; M. Sobrier est une puissance ; et M. Caussidière, cet athlète de la conspiration, ce Catilina-Hercule, cet Atlas populaire à qui Paris s'avisa de donner deux cent mille voix, parce qu'il espérait s'arcbouter contre ses vigoureuses épaules, s'il advenait un tremblement

de terre démocratique, est quelque chose de plus qu'une puissance: L
meute et la conspiration siégent à la police, le désordre se charge de sau
garder l'ordre. Le carbonarisme prend les affaires étrangères. L'uto[
s'installe aux finances; un ballon plein de vent et une bourse vide à
main. La barricade règne et gouverne. M. Barbès est gouverneur du L
xembourg, puis colonel de la garde nationale, puis représentant, et ce l
gislateur, si expert dans l'art de violer les lois, est chargé de les faire ava
de devenir prisonnier.

Encore une fois, c'est une époque inouïe, étrange, une époque sa
nom. La Fronde a quelque chose de sage, de posé, à côté de cette no
velle Fronde plus folle, mais moins gaie, qui dure depuis le 24 févri
jusqu'au 4 mai. Les clubs hurlent, tonnent, grondent, menacent, et il
a des clubs de toute nature, de toute espèce : club des Jacobins, club (
Salut public, club des Montagnards, club des Amis du peuple, club d
Démocrates, Club des Clubs, club des Domestiques, club des Icarien
club des Phalanstériens, club des Proudhoniens, clubs des Condamn
politiques, club des Femmes. C'est une Babylone, un chaos. Les maiso
sont désertes, on vit dans la rue, chacun parle, et personne n'écoute,
tout est pouvoir, excepté le pouvoir même. C'est une ivresse, la plus da
gereuse des ivresses, celle des idées, qui est montée à la tête d'une part
de la population.

Pendant toute cette période, il n'est plus question des hommes qui o
occupé le premier plan du tableau pendant les dix-huit ans de règne (
la dynastie d'Orléans; comme les habitants d'Herculanum et de Pompé
ils sont demeurés ensevelis sous la lave du volcan.

Les événements se sont succédé avec une telle rapidité et à flots si pre
sés, qu'on éprouve une illusion d'optique quant à la durée du temps. L
mois paraissent longs comme des siècles. M. Odilon-Barrot semble ant
diluvien, et, au fait, la révolution de février offre quelques traits de p
renté avec le déluge. MM. Molé et de Broglie sont effacés. Aix, la vil
ingrate, a repoussé M. Thiers aux élections générales, et le bruit a cou
que, le jour de l'installation de l'Assemblée nationale, M. Thiers a été v
de service à la porte de l'ex-palais Bourbon, en qualité de garde nationa
et présentant les armes au citoyen Barbès.

Ici les choses vont commencer à changer de face. Au milieu du bie
des folies et de bien des fautes, la révolution de février a produit un r
sultat d'une utilité inestimable : elle a enfanté le vote universel. D
vote universel, l'Assemblée nationale est sortie. Pour avoir raison du mo
nopole électoral, il a fallu que les républicains de la veille en appelasser
à la France. Sans ce talisman, qui remue les montagnes et abat les colo:
ses, ils eussent échoué, faibles et impuissants dans leur audacieuse entr
prise.

Ils ont cru n'introduire le vote universel dans la situation que comm
un instrument docile, ils se sont donné un maître. Les clubs, avec leu
instinct révolutionnaire, pressentent ce résultat. Il parvient à exercer un

pression sur les élections; mais le vote universel, malgré tous les liens à l'aide desquels on veut l'entraver, reste le plus fort.

Le règne de M. Ledru-Rollin est passé, celui de M. de Lamartine commence. En voulant partager la haute influence avec M. Ledru-Rollin, M. de Lamartine abdique. M. Flocon n'est plus que ministre, M. Louis Blanc n'est plus qu'un utopiste en disponibilité, le ministre Albert n'est plus que l'ouvrier Albert. Cependant les clubs, qui avaient cru gouverner l'Assemblée nationale et la France, ne peuvent se résigner à leur impuissance.

Ils essaient la manifestation du 15 mai, et ils échouent. La commission exécutive, partagée entre le désir de suivre l'Assemblée nationale et celui de ne pas quitter la Révolution, continue à louvoyer entre l'ordre et l'anarchie. Cette politique de juste milieu républicain, coïncidant avec la terrible question des ateliers nationaux, dangereuse invention de M. Louis Blanc, produit les journées de juin.

Le sang coule par torrents. La question sociale est posée entre la barricade et le canon. Le canon, après trois jours d'une lutte acharnée, démolit la barricade. La cause de l'existence de la société est gagnée, mais la cause de la liberté est pour long-temps perdue.

Après tout ce parlage d'indépendance absolue, de liberté sans limites, on aboutit au gouvernement de l'état de siége, et ce gouvernement Cavaignac se prolonge pendant quatre mois. Les lois sont suspendues, toutes les garanties qui existent dans les sociétés civilisées sont remplacées par la volonté arbitraire d'un homme. Les journaux n'ont plus le droit de dire ce qu'ils pensent, mais ce qu'on leur permet de penser. De cette grande bataille de juin est sortie la dictature d'une épée.

La déconfiture des républicains de la veille, qui a commencé le 15 mai, continue. Le citoyen Flocon n'est plus même ministre, le citoyen Louis Blanc n'est plus une puissance, et, pressés par la commission d'enquête, ils sont obligés de gagner la frontière pour ne pas aller rejoindre au donjon de Vincennes le citoyen Raspail, le citoyen Courtais, le citoyen Barbès, qui, las d'un déguisement de quinze jours, a quitté sa carrière législative pour retourner à la conspiration, et Albert l'ouvrier, qui depuis le 15 mai est Albert le prisonnier. M. Ledru-Rollin est en éclipse complète. Les clubistes se taisent et se cachent, et l'on désarme les faubourgs qu'on avait si imprudemment armés en février.

Ici, M. le général Cavaignac, chargé du pouvoir exécutif, tombe dans la même faute où M. de Lamartine était tombé. Il a évidemment peur que la victoire de juin n'aille trop loin. Il craint plus pour la République que pour la société, car il a dit qu'il sacrifierait tout à la République, jusqu'à son honneur; et il n'a jamais dit qu'il sacrifierait, si cela était nécessaire, la République à la société.

M. Cavaignac est destiné à aller rejoindre, dans le panthéon des puissances tombées, la renommée expirée de MM. Ledru-Rollin et de Lamartine. Il manque à la situation, la situation lui manquera; il a abandonné

le mouvement national qui s'est manifesté dans les journées de juin, c
mouvement l'abandonnera dans les élections présidentielles que la Consti
tution baclée ou plutôt sabrée à la hâte doit bientôt amener.

Le mouvement l'abandonne en effet. C'est en vain qu'il a essayé de ca
cher ses tendances derrière MM. Dufaure et Vivien, acceptés par lui con
me ces pavillons neutres qui couvrent la marchandise. Les idées l'ont quitt
et se sont portées vers un autre nom, vers ce nom de Bonaparte, que l'en
pereur a rendu si grand.

La France, en adoptant Louis-Napoléon Bonaparte, dit tout ce qu'ell
veut, un nom illustre, qui a mission de sauver par son habileté la Franc
et l'Europe de l'anarchie. La coterie du *National* va rejoindre la coterie d
la Réforme dans l'oubli, et M. Bastide est réduit à sa grandeur personnell
comme M. Flocon.

En revanche, M. Thiers reparaît sur la scène. Ses amis ou ses lieute
nants entrent au pouvoir. M. Odilon Barrot ressuscite et devient préside
du conseil. M. de Malleville traverse le ministère de l'intérieur. En mêm
temps, pour que toutes les nuances du parti modéré soient représentées
un député de la droite, qui s'est fait remarquer par son éloquence plei
de tact et de sens, et par la résolution intelligente de son caractère, pren
place dans le cabinet : M. de Falloux est ministre de l'instruction publ
que. C'est la troisième phase. Le flot continue à monter vers l'ordre. l
vote universel, auquel le gouvernement provisoire est obligé de faire appe
détruit le gouvernement provisoire. Le mouvement de l'opinion, auqu
la commission exécutive est obligée de faire appel dans les journées d
juin, anéantit la commission exécutive. L'élection présidentielle, que
général Cavaignac et l'Assemblée nationale sont obligés de provoquer, fa
disparaître le général Cavaignac et doit dissoudre l'Assemblée national
M. Ledru-Rollin, M. de Lamartine, M. Cavaignac, M. Louis-Napolé
Bonaparte, voilà les quatre termes de cette progression qui représen
en France le mouvement des idées et des faits pendant l'année 1848.

Après la révolution de Février, l'Europe entière chancelle comme u
homme ivre. La commotion est électrique. L'Allemagne et l'Italie, fat
guées du *statu quo* de trente-trois ans, s'ébranlent. M. de Metternich,
prestige qu'on prenait pour une puissance, est emporté par le premi
flot. La Révolution est partout.

Elle est en Autriche, elle est en Prusse, combinée avec un mouveme
de liberté politique ; elle est en Italie, combinée avec un mouvement
nationalité ; elle est en Allemagne, combinée avec un mouvement de féd
ration.

Peu à peu ces éléments hétérogènes et contraires se dégagent. L'em
pire autrichien, qui semble au moment de se perdre, se relève appuyé s
trois épées héroïques, Radetzki, Wendischgrætz, Jellachich. L'intell
gence des satisfactions qu'il faut donner aux diverses nationalités de l'em
pire se concilie avec la résolution et la fermeté qui peuvent seuls arrêt
la révolution.

La Prusse, menacée des plus grands périls, sort à son tour de difficu

tés qui paraissent insolubles, en donnant toute liberté au nom de l'ordre, et en confiant à la liberté le soin de donner à l'ordre les garanties dont il a besoin.

Le spectacle que donne la France agit évidemment sur l'Allemagne. Nos misères et nos épreuves, comme de vivants pédagogues, lui donnent d'incessantes leçons. Impuissants au dehors, ruinés au dedans, nous leur apparaissons, hélas ! comme ces ilotes ivres que les Spartiates montraient à leurs enfants.

Il y a d'effroyables journées à Francfort, à Vienne, à Berlin, en Hongrie ; mais la société allemande, plongeant du regard dans le gouffre, recule en arrière par un effort désespéré.

La triste Italie, à qui la France manque, à qui tout manque avec la France, voit encore une fois la cause de son indépendance nationale compromise par le commerce adultère qu'elle noue avec la révolution.

La révolution tue encore une fois la liberté de l'Italie et la livre à l'Autriche, et pour couronner tous les chefs-d'œuvre, elle a renversé la souveraineté temporelle de Pie IX.

Ce n'est que lorsque la France avait reconquis, sous l'habile politique de Louis-Napoléon Bonaparte, toutes les conditions de force intérieure et toutes celles de son initiative au dehors contre les conspirateurs, qu'elle put accomplir son rôle pacifique.

Armée du vote universel, et sous la main du président de la République, elle était en travail de cette grande réédification.

Ce n'est définitivement que le 2 décembre 1851 que Louis-Napoléon anéantit la coalition parlementaire formée contre lui pour le renverser et l'interner dans le donjon de Vincennes, qu'il déjoua les conspirations particulières des légitimistes, des orléanistes ; qu'il prévint le mouvement insurrectionnel des socialistes ; ce n'est enfin que par le coup d'état du 2 décembre 1851 qu'il a remis le grand mouvement de la civilisation européenne dans ses voies depuis long-temps perdues.

Les Conspirations en Europe et en France
en 1850 et 1851.

Depuis la révolution du 24 février 1848, on ne cesse de s'étonner des événements : toujours on se figure atteindre le dernier ; toujours les menées des partis, les commotions politiques, recommencent. Ceux qui, depuis quatre années, marchent pour arriver au terme, désespèrent ; ils croyaient s'asseoir quelques heures au bord de leur tombe : vaine attente !

Toutefois mal à propos on est supris de ce dépérissement des enchaîne-
ments politiques.

Au sein de l'assemblée nationale souffle le feu de la discorde. On anéantit, par la loi du 31 mai, le dogme du suffrage universel, que Louis-Napoléon Bonaparte voulait maintenir dans son intégrité. Beaucoup de projets
du président de la République rencontrent des obstacles, font naître des
débats stériles qui allument les passions. Au sein des masses fermentent
des projets sinistres ; on s'associe ; on complote le 13 juin 1849 pour renverser le gouvernement et le président. Les tentatives échouent ; les auteurs
de ces menées sont traduits les uns devant les tribunaux, les autres ga-
gnent la terre d'exil pour se soustraire à la vindicte publique. L'expédition
de Rome est décidée et renouvelle l'intervention armée de Pépin et du
grand Charlemagne. Partout, en Hongrie, en Allemagne, les armées com-
binées de l'Autriche et de la Russie étouffent dans le sang et dans le massacre l'hydre révolutionnaire ; les révolutions se suicident avec leurs pro-
pres excès ; l'instabilité des démocraties amène leur défaite et vient illumi-
ner le résultat de l'expérience, de cette expérience qui a toujours prédit
les abus des choses instables et inaccoutumées dans le monde.

Partout, en Europe, une nouvelle révolution se prépare : elle a son centre d'action à Londres ; elle étend ses ramifications sur le sol français dans
les sociétés secrètes. La démagogie, vaincue à Paris, à Vienne, écrasée sur
les champs de bataille de la Hongrie, se relève de ses défaites, répare ses
désastres. Si elle n'ose plus se montrer au grand jour, si la vigilance et
l'énergie du gouvernement l'ont forcée à ajourner ses projets révolutionnaires, elle ne travaille pas moins dans l'ombre, dans ces bas fonds de la société où se trament tous les crimes, d'où est partie l'étincelle qui a menacé
d'incendier le monde. Le spectacle que présentent l'Allemagne et l'Italie,
les scènes barbares dont Londres est le théâtre, les meetings qui les glori-
fient, dûrent donner à réfléchir aux hommes que n'aveugle pas l'optimisme
le plus tenace.

En Allemagne, les utopistes ont conservé une puissante organisation. Les
pays d'outre-Rhin sont couverts d'un vaste réseau de sociétés épiant une
occasion favorable pour courir à l'assaut de l'édifice social.

Le comité central européen, qui de Londres dirige l'exécution des projets insurrectionnels dans toute l'Europe, a adressé à ses émissaires des cir-
culaires nombreuses que la presse a reproduites.

Bornons-nous à rappeler celle du 1er août 1851. Elle contient la résolution prise par le comité central, et portant que *la révolution devra éclater
prochainement*. Il y est enjoint aux membres de l'association d'envoyer sans
délai des listes, des dépôts d'armes et des caisses publiques en Allemagne
et en France, de former des tribunaux révolutionnaires.

Le 15 du même mois d'août 1851, le *Comité allemand* d'agitation publiait
à Londres son manifeste, et les rapports du *Comité allemand* avec le *Comité
central européen* étaient rendus évidents pour tous.

Enfin, le comité italien, toujours à Londres, ayant voulu contracter un
emprunt de dix millions, le *Comité central européen* donnait, le 27 novem-

bre 1850, son approbation spéciale à cet emprunt, par une délibération si-
gnée Albert Darasz, Arnold Ruge, Ledru-Rollin, Joseph Mazzini.

France.

Au dessous de la société politique officielle s'agitait une société occulte,
ténébreuse, menaçante, composée de tous les ambitieux, de tous les exaltés que produit une excessive civilisation. Les partis légitimiste et orléaniste favorisaient, encourageaient ces menées, dans l'espoir d'y trouver
un auxiliaire pour renverser le gouvernement français, chacun pensant
faire tourner l'événement au triomphe de son drapeau.

La vaste association, dite la *Solidarité républicaine*, fondée à Paris le 4
novembre 1848, n'était elle-même que le centre d'un nombre infini de sociétés plus petites, qui professaient des théories très diverses.

La Solidarité républicaine avait établi son siége central à Paris, boule-
vart Saint-Denis, n° 22 *bis*. Elle avait ses statuts, son conseil général, composé de soixante-dix membres, élus à la pluralité des voix dans une réunion générale.

Dès le principe, ce comité central était composé d'hommes d'une haute
intelligence, actifs, exaltés, jouissant tous d'une position considérée. Aujourd'hui que plusieurs de ces noms sont proscrits, frappés par des con-
damnations politiques, il est utile de les faire connaitre :

Voici la liste des membres du Conseil général :

Antoine (Ernest), propriétaire.
Aubert-Roche, ancien commissaire général.
Bac (Théodore), représent. du peuple.
Bareste (Eugène), rédacteur en chef de *la République*.
Baronnet, négociant.
Baudin, publiciste.
Beaune, représentant du peuple.
Benoist, id.
Berard (Philippe) tailleur à Clichy.
Bernard, homme de lettres.
Bocquet, ancien adjoint du 12e arrondissement.
Bravard (Toussaint), représentant du peuple.
Brives, id.

Bratinel-Nadal, professeur de mathématiques.
Bruys, représentant du peuple.
Buvignier (Isidore), id.
Casteignet, ouvrier tailleur.
Commissaire, ancien commissaire du Jura.
Cormier (Hippolyte), négociant.
Crenat, ancien commissaire de l'Aube.
Dain, représentant du peuple.
Dalican, avocat.
Degrange, homme de lettres.
Delescluze (Charles), ancien commissaire général du Nord et du département du Pas-de-Calais.
Demontry (James), représ. du peuple.
Detours, id.

Deville, représentant du peuple.
Doutre, id.
Dubos (Constant), docteur-médecin.
Fosseyeux, ancien médecin aux armées de la république.
Gambon, représentant du peuple.
Gosset, libraire.
Goumain-Cornille, homme de lettres.
Greppo, représentant du peuple.
Fargin-Fayolle, id.
Hérouard, ancien commiss. de l'Orne.
Higonnet, ingénieur civil.
Hours, docteur-médecin.
Hyzet, ouvrier mécanicien.
Joigneaux, représentant du peuple.
Joly père, id.
Lagarde, rédacteur de *la Réforme*.
Lambert (Alex.), homme de lettres.
Lamennais, représentant du peuple.
Lebon (Napoléon), ingénieur.
Ledru-Rollin, représent. du peuple.
Le Franc (Pierre), id.
Lemaître aîné, homme de lettres.

Martin-Bernard, représ. du peuple.
Mathé (Félix), id.
Mathieu (de la Drôme), id.
Meynand, id.
Mie (Auguste), id.
Mulé, id.
Nadaud, ouvrier maçon.
Schœlcher, représentant du peuple.
Signard, id.
Ollivier (Démosthène), id.
Paulmier, négociant.
Pelletier, id.
Pegot-Ogier, id.
Perdiguier (Agricole), id.
Pilette, ancien commissaire du Nord.
Pyat (Félix), représentant du peuple.
Ribeyrolles (Charles), rédacteur en chef de *la Réforme*.
Sarrut (Germain), représ. du peuple.
Savary, cordonnier.
Thomassin, docteur-médecin.
Templier (Léon), ingénieur-métallurgiste.
Vignerte, représentant du peuple.

Président : **Martin-Bernard**, représentant ;
Vice-Président : **Perdiguier** (Agricole), représentant ;
Secrétaire général : **Delescluse** (Ch.), ancien commissaire général ;
Trésorier : **Mulé**, Représentant.
Vice Trésorier : **Templier** (Léon), ingénieur-métallurgiste.

Malgré la loi d'avril 1849, qui interdit les clubs, la Solidarité républicaine continua dans les ténèbres l'œuvre qu'on ne pouvait plus poursuivre au grand jour. Elle devint, en dépit des procès intentés en 1850, et de la proscription de quelques uns de ses membres, le centre d'un vaste réseau d'associations qui enveloppait le territoire entier. Elle eut, en très peu de temps des ramifications à Marseille, à Tarascon, à Orange, à Nîmes, à Châlons-sur-Saône, à Issoudun, à Blois, à Bedarieux, à Tours, à Loudun, Poitiers, à Niort, à Rochefort, à Bordeaux, à Nantes, au Havre, à Rouen, à Amiens, à Lille, à Toulouse, à Douai, etc.

Il n'est point de ville en France qui n'ait compté une ou deux de ces affiliations, et le nombre total dépasserait plusieurs milliers.

Depuis les procès politiques intentés à plusieurs membres de la Solidarité républicaine, c'est sous différentes dénominations qu'on a reformé l'association démocratique.

En définitive, et pour ne pas rappeler en détail des faits connus, les résultats qui nous semblent bien dûment acquis, en ce qui concerne les sociétés secrètes, peuvent se résumer ainsi :

1° Une très grande partie de la France était couverte comme d'un réseau, d'un nombre immense de sociétés secrètes, les unes se cachant dans l'ombre, les autres usurpant le masque de sociétés de bienfaisance.

2° Les sociétés secrètes établies en France étaient soumises à la direction de comités centraux établis à Paris, à Lyon et Londres, et étaient en rapport avec les réfugiés politiques en Suisse.

3° La démocratie militante était enrégimentée dans les sections des sociétés secrètes, et pourvue d'armes et de munitions de guerre pour assurer le succès de ses projets.

La Conspiration parlementaire en 1851.

Au milieu des symptômes de désorganisation sociale que la France ressentait depuis tant d'années par les ramifications infinies des sociétés secrètes, au milieu de ces vastes foyers de révolutions, il y avait au sein de l'Assemblée nationale des légitimistes, des orléanistes, des socialistes, qui songeaient à tirer parti de ces légions insurrectionnelles.

En novembre 1851, peu de temps avant que le coup d'état de Louis-Napoléon fût jugé une nécessité de salut public, il se brassa dans les régions élevées de la société, et parmi les chefs des anciens partis, des conspirations, il s'y prépara des coups de main contre le Président de la République.

Les conspirateurs parlementaires avaient formulé plusieurs projets auxquels ils durent renoncer par suite d'incidents imprévus : ils voulaient faire arrêter les ministres en pleine séance de l'Assemblée ; et, si ce début avait été heureux, ils auraient immédiatement essayé d'enlever le Président.

Mais l'élu de la nation, informé secrètement de ce qui se tramait, médiocrement disposé à devenir le jouet des partis hostiles, avait pris ses mesures pour tout événement.

Cette conspiration flagrante, incessante, contre le Président de la République, avait pour auteurs des hommes parlementaires, chefs avoués des partis orléaniste et légitimiste, profondément divisés entre eux, mais unis par la haine commune que leur inspire l'élu de la République.

Elle était organisée depuis dix-huit mois ; et, du temps où le général Changarnier occupait les Tuileries, il se tint dans ses salons des réunions où l'on mit en délibération d'arrêter Louis-Napoléon et de le mettre à Vincennes.

Abandonnée quelques mois à la suite des voyages à Wiesbaden et à Claremont, cette ancienne conspiration des légitimistes et des orléanistes contre le Président a été reprise, et elle a été cimentée par l'abandon de la proposition de M. Creton et de la candidature de M. le prince de Joinville.

Les conjurés avaient pour but de créer une dictature agissant avec l'appui et sous le contrôle de l'Assemblée, qui se prorogerait indéfiniment et se déclarerait convention.

Le dictateur désigné par tout le monde était le général *Changarnier*, qui voulait personnellement renouveler, au profit de l'orléanisme, le rôle de Monck, le restaurateur de la dynastie de Charles II d'Angleterre, après la mort du grand protecteur de la République britannique, Cromwell.

Enlever l'armée au Président par ruse, la donner à un Pichegru moderne ; remplacer, comme transition, Louis-Napoléon par le général Changarnier ; se servir des mécontents, des démagogues, comme d'un moyen, tels furent les projets combinés et qui furent d'abord formulés par *M. Baze.*

Une alliance fut formée des diverses nuances des partis représentés à l'Assemblée nationale par MM. Berryer, Béchard, Creton, de Lasteyrie, avec Emmanuel Arago, avec Marc Dufraisse, Thiers, Laboulie et autres.

Cependant beaucoup de Montagnards de l'Assemblée, hostiles au général *Changarnier* depuis sa conduite lors du mouvement insurrectionnel démocratique préparé le 13 juin 1849, repoussèrent son nom comme chef du mouvement combiné ; on signala comme d'utiles auxiliaires le colonel Charras, le général Lamoricière, le général Leflô, le général Bedeau ; mais pour l'homme de la situation, on jeta un instant les yeux sur le général Cavaignac. — Les projets souvent arrêtés changèrent par des incidents, par des circonstances imprévues ; mais, si le nom de l'homme qui devait être à la tête du nouveau gouvernement changea parfois, les moyens d'exécution et les résultats ne varièrent jamais.

En présence de cette situation intolérable dans laquelle l'hostilité systématique de l'Assemblée et les conspirations flagrantes des anciens partis avaient jeté la France ; à la vue des incessantes lenteurs et des impraticables systèmes de la majorité de l'Assemblée pour l'exécution des chemins de fer, du refus d'une loi qui permet de révoquer les mauvais maires, afin de comprimer le socialisme ; au milieu de la vaste organisation de démagogues dirigée par les sociétés et abritée derrière le drapeau de ce qu'on nommait les Montagnards, des trames ourdies par les anciens partis coalisés contre le Président de la République avec le dessein de le renverser et de lui substituer un dictateur, des décrets organiques du gouvernement nouveau, de la préparation d'une prise d'armes fondée sur le concours de la 10ᵉ légion de la garde nationale de Paris ; au sein de ce réseau d'intrigues et de machinations politiques, Louis-Napoléon veillait, se tenait au courant des événements, et préparait le seul moyen qui fût efficace pour sauver la France de l'anarchie et l'Europe d'une conflagration générale.

Avant qu'il laissât aux partis déchaînés le temps de briser tout frein, à la licence d'abolir les lois, de substituer à la liberté l'usurpation et la tyrannie, de favoriser le triomphe des légitimistes et des orléanistes, le Président, immédiatement après l'acte d'hostilité des questeurs de l'assemblée, prit son parti et ses mesures pour une éventualité évidemment très prochaine. Trois hommes furent les confidents de sa pensée : M. de Saint

Arnaud, ministre de la guerre ; M. de Morny, représentant du peuple, et M. de Maupas, préfet de police. Louis-Napoléon leur fit connaître les dangers immenses qui menaçaient la société et que chaque jour aggravait ; il leur exposa les desseins qu'il avait formés pour les conjurer, et leur demanda leur concours. Tous trois promirent : M. de Morny pour toute responsabilité politique à encourir comme ministre de l'intérieur, M. de Saint-Arnaud pour les opérations militaires, M. de Maupas pour l'action de la police.

Ces trois hommes arrêtèrent avec le Président tous les détails de cet acte immense dont le 18 brumaire n'égale ni la difficulté, ni l'habileté, ni la grandeur, et les moindres choses y furent prévues, concertées, détaillées, préparées avec un si merveilleux secret, qu'à l'exception de trois ou quatre amis sûrs du Président, confidents anciens et constants de sa pensée et agents nécessaires de ses desseins, personne n'en eut même un soupçon avant la minute suprême qui précéda la mise en scène.

La simultanéité des mesures à prendre était évidemment la première condition du succès, et les mesures principales étaient au nombre de quatre : arrestation des personnes coupables ou dangereuses, publication des actes officiels, investissement et occupation du palais de l'assemblée, et distribution des troupes sur les points jugés nécessaires.

Les personnes dont la police opéra l'enlèvement étaient de deux sortes : les représentants plus ou moins engagés dans une conspiration flagrante, les chefs de sociétés secrètes et les commandants de barricades, toujours prêts à exécuter les ordres des factions. Les unes et les autres étaient surveillées et comme gardées à vue depuis quinze jours par des agents invisibles, et pas un de ces agents ne soupçonnait le but de sa mission réelle, ayant tous reçu des missions diverses et imaginaires.

Le nombre total des personnes qui furent enlevées s'élevait à soixante-dix-huit, dont dix-huit représentants et soixante chefs de sociétés secrètes et de barricades.

Quoique essentiellement délicate de sa nature, la mission confiée à l'armée ne pouvait laisser aucun doute ni au Président de la République ni au ministre de la guerre.

Louis-Napoléon demandait à l'armée de protéger la liberté de la France entière contre les entreprises des factions, et de maintenir l'ordre dans les rues jusqu'à ce que dix millions d'électeurs solennellement consultés eussent fait connaître leur volonté par un vote.

Le grand acte du 2 décembre 1851 déclarait l'assemblée nationale dissoute, le suffrage universel rétabli, la loi du 31 mai abrogée ; il convoquait le peuple dans ses comices à partir du 14 décembre jusqu'au 21 décembre suivant ; il établissait l'état de siége ; le Conseil d'état était dissous.

Ce n'est pas, comme Charles X en juillet 1830, pour s'emparer par la force du pouvoir absolu, sans consulter le pays, que le Président de la République fait son coup d'état ; il expose franchement la nécessité de sa résolution et il rend le peuple entier juge entre lui et ses ennemis.

Il demande : 1 Un chef responsable pour dix ans ; des ministres dépendants du pouvoir exécutif seul ; un conseil d'état ; un corps législatif discutant et votant les lois, nommé par le suffrage universel ; une seconde assemblée, formée de toutes les illustrations du pays, pouvoir pondérateur. Il déclare que, s'il n'obtient pas la majorité des suffrages du peuple, il provoquera la réunion d'une nouvelle assemblée et qu'il lui remettra le mandat qu'il a reçu de la nation.

Dès l'instant que Louis-Napoléon Bonaparte n'usurpe pas le pouvoir, qu'il consulte la France, qu'il soumet sa résolution au scrutin secret du suffrage universel, dès ce moment toute tentative insurrectionnelle était un attentat criminel.

Son appel au peuple comme à un juge justifiait sa conduite politique. Libre à chacun de venir voter contre lui, de faire des efforts pour que la pluralité de voix lui échappât ; mais recourir à l'émeute, à l'insurrection, c'est répudier la voie pacifique du vote librement exprimé par tous, c'est ne pas vouloir que la majorité se prononce.

Le 2 décembre, dès dix heures du matin, des membres de la coalition parlementaire se réunirent, et les chefs des sociétés secrètes se mettaient en permanence. Les légitimistes, les orléanistes, les socialistes, se liguèrent et tentèrent d'insurger les faubourgs.

La lutte est vive dans quelques départements, où des hommes égarés se sont soulevés ; à Paris, tous les mouvements insurrectionnels sont repoussés ; partout la révolution est comprimée, et Louis-Napoléon triomphant.

Pourquoi devait-on se soulever ? Si Louis-Napoléon ne possédait plus la confiance, il n'était pas besoin de faire couler un sang précieux, il suffisait de déposer dans l'urne un vote contraire. Mais, tant que la nation n'avait pas parlé, on se rendait coupable du plus grand des crimes contre la société en répandant le meurtre et le massacre.

Plusieurs grands résultats ressortent clairement des faits accomplis.

Toutes les populations ont accepté l'acte intelligent et résolu du 2 décembre : près de huit millions de suffrages ont justifié l'espoir du Président, réélu pour dix ans.

Le Président a escompté la crise fatale de 1852, crise qui, à la juger par les tentatives partielles des rouges, eût été l'anéantissement de la France, jetée dans un abyme de pillage et de sang.

La conduite du Président a donc eu pour résultat final de délivrer la France de la tyrannie des factions, de lui rendre sa souveraineté, son repos ; d'avoir ouvert pour le pays une ère de véritable liberté, de repos, de confiance, de travail et de bien-être. La France, librement consultée dans les élections, a voulu dire, selon le sens commun, que Louis-Napoléon a la confiance du pays, que la sécurité des relations commerciales veut que l'on mette une borne aux luttes incessantes des partis.

Le sentiment de ce besoin de stabilité était si impérieux en France, que le commerce et l'industrie se trouvaient dans un état de langueur qui n'a changé à une nouvelle vie qu'après le coup d'état.

Louis-Napoléon Bonaparte n'a été que l'exécuteur de l'ouvrage de la disposition la plus générale des esprits. Il a obéi aux circonstances, bien plus qu'il ne les a créées. Tous les vœux appelaient une main énergique.

Aujourd'hui, paisible au dedans, respectée au dehors, la France devient un pays qu'on envie ; les familles que les troubles en avaient écartées prennent la confiance d'y rentrer ; la justice, l'administration, sortent du chaos. Cette France lacérée par les discordes retrouve sa force sous un régime assorti à ses habitudes, comme un malade retrouve la santé dans une température qui ressemble à l'air natal.

Les menées politiques et révolutionnaires des partis en 1852.

Depuis que la nation française s'est prononcée dans les comices électoraux, avec l'imposante majorité de près de huit millions de suffrages, en faveur de Louis-Napoléon Bonaparte, ceux que la justice a dû frapper de l'exil pour avoir tenté de répandre le massacre et le meurtre, ceux qui aspirent à troubler le pays dans l'espoir de faire triompher leur parti, s'agitent, tentent d'aigrir les esprits, de les corrompre par des écrits, de brasser des conspirations, afin de produire une nouvelle catastrophe révolutionnaire.

Je le déclare hautement, je ne farde pas mon langage, je combattrai partout les partis anarchiques, et je les dénoncerai aux populations comme leur plus perfide ennemi. J'indiquerai ici les moyens de publicité à l'étranger qu'il emploie pour empoisonner de son souffle malfaisant, toujours, en tous lieux, les sources vives où la société et l'humanité puisent leurs forces.

La liberté m'est chère, j'honore le progrès, j'ai soif de voir briller et grandir la civilisation ; mes vœux les plus vifs, mes tendances les plus ardentes, les plus infatigables, sont de faire pénétrer dans toutes les classes de la société, dans ses rangs les plus humbles, le bienfait des améliorations qui peuvent prévenir la misère, élever le cœur, adoucir le sort des plus modestes travailleurs !

Mais c'est parce que je chéris la liberté sérieuse et digne, le progrès possible et véritable, que je répudie la liberté et le progrès révolutionnaires, qui ne sont jamais que des accidents douloureux.

A mes yeux, le système gouvernemental doit puiser sa force dans l'assentiment du pays, dans la souveraineté nationale. — Le suffrage universel dans les élections, où tous les citoyens sont appelés, à des époques déterminées, à se prononcer par leurs votes sur les hommes politiques et sur leurs actes, à leur continuer la confiance publique ou à la leur retirer, voilà le combat pacifique, légal, le seul qui convienne à une ère de civi-

lisation. — Le suffrage universel est donc le pivot de tout l'édifice social
Par le suffrage universel dans les élections, la politique est universelle pou
tous : chaque citoyen devient un juge et se prononce.

Il n'est donc pas vrai de dire qu'il proscrive certains intérêts et exclu
certaines classes. Il est donc souverainement injuste de l'accuser de con
damner les riches et de ne favoriser que le pauvre. Par le suffrage uni
versel personne n'est exclu, les situations diverses dont se compose la so
ciété sont également protégées.

Les tentatives révolutionnaires projetées par les partis ne seraient don
pas autre chose qu'une lutte meurtrière, de sang, de ruine, d'une minorit
exaltée, fougueuse, contre une majorité pacifique, s'exprimant libremen
dans les élections.

Ceux donc qui, par leurs publications exaltées publiées à Londres et
Bruxelles, introduites clandestinement en France, excitent contre le Pré
sident, contre son entourage et ses partisans, les préjugés, la haine, le
mauvaises passions; qui veulent affaiblir leur autorité morale, préparer le
voies à une nouvelle et sanglante révolution, sont des hommes criminels.

Des intrigues des partis en général. — Menées du parti légitimiste en 1852.

Le pouvoir établi en France, par l'immense majorité du pays, le 20 dé
cembre 1851, est attaqué tour à tour, et quelquefois simultanément, pa
les factieux de toutes les couleurs : par ceux qui travaillent au retour de l
branche aînée des Bourbons, représentés par le comte de Chambord ; pa
les orléanistes, représentés par la duchesse d'Orléans, tutrice légale d
comte de Paris, formant la branche cadette des Bourbons ; et par les dé
magogues, qui veulent établir leurs utopies politiques. On voit ces troi
factions anarchiques emprunter toutes les formes, employer tous les genre
de séduction, pour recruter des partisans, et pour préparer des moyen
d'attaque contre l'ordre que les pouvoirs ont si laborieusement établi.

On les voit variés par leurs principes, préludant à l'anarchie général
par leurs dissensions intestines, mais à la fin réunis tacitement, absorbé
ou entraînés par le besoin de saper l'œuvre élevée par huit millions d'élec
teurs.

Tous les documents, tous les écrits, tous les renseignements particu
liers, se réunissent pour établir cette affligeante vérité, que les passion
anarchiques vaincues n'ont pas cessé, depuis cette époque, leurs criminel
les hostilités contre le repos du pays. Ce n'est pas que nous voulions établi
une juste solidarité entre les actes d'une criminalité inégale ; mais lorsqu

des hommes s'accordent dans leurs vœux de destruction, il est permis à tout écrivain d'expliquer le but des actes.

Le comte de Chambord se pose comme le descendant légitime de l'antique race des rois de France, et croit que le moment est venu de tirer parti des circonstances pour rentrer en possession de l'héritage de ses aïeux.

Le faux bruit répandu en Europe que Louis-Napoléon projetait de se faire proclamer empereur des Français dans le courant du mois de mai avait mis en émoi tout le camp légitimiste. Le comte de Chambord, voyageant en Allemagne, résidant à Froshdorff, entretenait une correspondance suivie avec ses amis politiques en France : avec MM. de Lévis, de Pastoret, Berryer, le comte de La Féronnays, de Damas, de Beauffremont, de Nadaillac, de Chaponnays, de Blacas, Descars, et autres, chargés de soutenir ses intérêts.

Le comte de Chambord, qui s'attendait à voir proclamer l'empire, crut comprendre combien les puissances étrangères seraient hostiles à cette transformation gouvernementale. Par l'arrivée de l'empereur de Russie à Vienne, coïncidant aux projets qu'on prêtait au neveu de l'empereur Napoléon, il croyait qu'il pourrait, de concert avec les puissances étrangères, devenir le centre où se rattacherait une nouvelle coalition ; ne pouvant triompher que par les auxiliaires des partis, il médite froidement de se liguer aux étrangers, avec le chimérique espoir de rentrer aux Tuileries par les baïonnettes étrangères ; son œil contemple avec sérénité les Français, qu'il rêve de voir tomber pour lui aplanir la route de Paris. Il préfère à la vie heureuse et paisible les convulsions de la crainte.

Louis-Napoléon fit évanouir cette vaine espérance du comte de Chambord et des légitimistes.

Alors le château du comte de Chambord devient le centre où tous les chefs du parti légitimiste viennent en pèlerinage ; on y établit une espèce de congrès ; on discute quels seraient les meilleurs moyens de tirer parti des manœuvres des orléanistes et des démagogues, afin de les faire tourner à l'avantage de la légitimité.

Le parti est enfin réduit à exploiter des circonstances insignifiantes, comme dernière consolation. On conspire pour faire naître la défiance, la division dans l'action gouvernementale en France, pour y produire de l'agitation.

On impose aux fonctionnaire légitimistes de refuser le serment à Louis-Napoléon, afin qu'ils puissent travailler dans l'ombre à saper le pouvoir, sans le moindre scrupule de conscience. Ce fait, au défaut de tant d'autres, constate les menées, les sourdes trames du parti légitimiste.

En mai dernier, le comte de Chambord publie et fait circuler clandestinement une lettre à ses amis, afin de réveiller leur zèle, de faire renaître leur espoir, d'empêcher que des légitimistes ne se rallient sincèrement au gouvernement de Louis-Napoléon, de jeter la perturbation morale en France. C'est bien la peine d'examiner les principaux paragraphes de cette lettre, pour faire comprendre l'effet qu'elle a dû produire sur ceux à qui elle s'adresse, et sur le gouvernement lui-même.

Le prince rappelle à ses *amis* que, depuis le mois d'avril, il leur a plusieurs fois fait connaître ses sentiments et ses *désirs*; mais il croit devoir leur dire sa pensée sur le langage tenu récemment par le chef du gouvernement actuel et sur certaines tendances de plus en plus manifestes. En d'autres termes, le comte de Chambord prévoit l'avénement de l'empire, et il se propose de protester contre une transformation de la forme gouvernementale, pour sauvegarder le principe dont il est le représentant, « principe, dit-il, qui peut seul garantir à la France son repos, son bonheur. » Voilà les royalistes bien prévenus : ils ne doivent concourir en rien à l'établissement de l'hérédité impériale.

Dans le second paragraphe, il est dit que le *premier devoir* des royalistes est de ne prendre aucun engagement en opposition avec leur foi politique, *afin de pouvoir concourir au rétablissement de la monarchie légitime, quand il en sera temps.* Point d'engagement, point de promesses qui les lient, point de places par conséquent. Ce qui signifie qu'ils auraient pu accepter et remplir les places si on n'avait pas exigé d'eux un serment de fidélité au Président. Voilà donc la justification de ce serment imposé aux fonctionnaires. Il eût été trop commode, en effet, de servir Louis-Napoléon conditionnellement et avec l'agrément d'un prétendant dynastique.

Sans le serment exigé, Louis-Napoléon n'était plus le chef de l'état que sous le bon plaisir du prince légitime. Il était temps de savoir qui gouvernait de droit ou de fait.

Le serment établit nettement les rapports des fonctionnaires avec le Président. Celui-ci devait à sa dignité de le faire prêter, et, de la part du comte de Chambord, n'est-ce pas s'aviser un peu tard que Louis-Napoléon est, lui aussi, l'héritier légitime d'un principe, le neveu d'un empereur, et non *du marquis de Bonaparte, lieutenant général des armées du roi?* N'est-ce pas mettre dans une situation critique les royalistes qui ont déjà accepté des fonctions publiques, qui les ont même sollicitées?

Le comte de Chambord fait de la propagande dans sa lettre; il veut que tous les cœurs soient ouverts comme le sien à ceux qui viendront à la bonne cause; il veut qu'on accepte avec empressement toutes les opinions qui se rapprocheront de lui, et il ajoute que c'est en présentant à la France le *spectacle rassurant et l'union intime de toutes les forces monarchiques* qu'on l'amènera finalement à renoncer à tant d'expériences inutiles, pour reconnaître d'elle-même où est son avenir le meilleur et le plus sûr.

L'ensemble de la lettre du prétendant légitimiste, si calme, si honnête, constitue un plan de conspiration, ou au moins de propagande dangereuse.

Louis-Napoléon pourrait à son tour opposer un principe à un autre, — l'hérédité impériale, fondée sur le vœu national, à l'hérédité monarchique, fondée sur le droit divin.

Louis-Napoléon a paru sincèrement vouloir rallier le parti légitimiste tout entier à lui. Convaincu qu'il représente seul cet avenir qu'on lui dispute, mais plein de respect pour le passé, il aurait désiré, président ou empereur, conserver un rang éminent à l'ancienne aristocratie, et l'associer, comme son oncle, à sa destinée. C'est politique intelligente, s'il aime les grands noms, les grandes fortunes. Noblement reconnaissant pour tous ceux qui se dévouèrent à sa destinée, il n'en éprouve pas moins de temps en temps le besoin de conquérir d'autres affections.

Les légitimistes ne veulent porter leurs regards que vers ce rejeton de l'ancienne monarchie française, vers ce comte de Chambord, qu'ils vont saluer en Allemagne comme Henri V.

La ville de Vienne et Froshdorff, où le comte de Chambord séjourne souvent, a vu arriver tour à tour ces héros de la légitimité : Berryer, de Walsh, de Pastoret, de La Ferronnays, de Lévis, de Damas, de Beauffremont, de Nadaillac, de Chapponnays, de Blacas, de Bellezend, de Circourt, et tant d'autres venus de tous les coins de la France.

Le comte de Chambord a organisé un comité légitimiste chargé de lui transmettre les communications de ses amis et de leur reporter les siennes. Ce comité est composé de MM. de Surville-Chapot (ancien représentant), de La Ferronnays, de La Ferté, de Circourt et Des Cars.

Ce comité s'est déjà réuni souvent, et tient une correspondance active.

Il est difficile de méconnaître que toutes ces visites des légitimistes, que la lettre du comte de Chambord et que l'établissement d'un comité légitimiste, offrent un cachet politique qu'on voudrait en vain dissimuler.

Aux yeux de bien des personnes, ces menées doivent présenter un caractère politique grave, qu'elles pourraient qualifier de sourde conspiration contre le gouvernement français.

Les conspirations orléanistes en 1852.

Le parti orléaniste a, on doit le reconnaître, de plus vives sympathies en France que celui de la légitimité. Il puise sa force dans la bourgeoisie, qui a joui de tant d'avantages sous le roi Louis-Philippe ; dans l'armée même, où de secrètes affections, qui pourraient se traduire un jour en actes, se révèlent parfois ; dans les administrations publiques. A l'étranger, il a l'appui de la nation anglaise, et personnellement de la reine, car cette sympathie, avouée depuis long-temps, a pris naissance dans cette bienveillance coupable du roi Louis-Philippe pour la nationalité anglaise, s'est fortifiée par les sacrifices qu'il a dû faire pour faire accueillir et accepter sa royauté bâtarde, et enfin s'est couronnée le jour où, à la honte de la royauté, on a osé prononcer en face de la France indignée cette entente cordiale, cimentée en Normandie, avec une puissance qui fut de tout temps notre rivale la plus dangereuse, non pas précisément en raison de sa force, mais à cause de son habileté politique.

A l'étranger, la Belgique est devenue, comme l'Angleterre, un foyer de menées orléanistes, tolérées par tout ce qui tient au pouvoir. En effet, à peine les princes de la maison d'Orléans sont-ils arrivés à Claremont, que déjà le roi des Belges leur envoie des chevaux qu'on embarque à Ostende, et applique spécialement au service des communications personnelles un personnage qui cache ses démarches au moyen des transactions commerciales entre la Grande-Bretagne et Anvers. Un peu plus tard, l'opinion publique signale en Belgique la présence du prince de Joinville et du duc de Montpensier, des sommités de l'orléanisme, qui tous vont au château de Laeken, siége ordinaire des conciliabules secrets.

Si l'on en jugeait imprudemment par cette espèce de bienveillance extérieure dont la cour de Bruxelles semble aimer à donner des preuves au gouvernement français, on croirait qu'elle a accepté franchement le pouvoir du prince Louis-Napoléon, et qu'en présence de la voix majestueuse du peuple français qui a acclamé la Constitution, elle se trouve heureuse de vivre en bonne et loyale voisine, gouvernant son peuple en dehors des tripotages politiques, et n'aimant que le repos d'une royauté neutre au milieu de toutes les diplomaties étrangères qui s'entrechoquent sur le continent, et qu'elle paraît vouloir laisser mourir de l'autre côté de la Meuse et de l'Escaut. Erreur grossière ! Combien les faits, les actes latents, viennent démentir ces démonstrations hypocrites, dignes de cette ruse, de cette politique anglaise qui consiste à déguiser ses pensées, ses sourdes menées politiques, sous les dehors les plus gracieux et les moins inoffensifs !

La foi belge, comme la foi anglaise, est donc pour la France ce que la foi carthaginoise était pour Rome ; en d'autres termes, quand l'Angleterre politique et la cour de Belgique se taisent, c'est qu'elles conspirent ; quand elles parlent, elles mentent. Quand elles s'inclinent, c'est la peur qui courbe leur front. Quand elles protestent de leur dévoûment, elles trahissent. Quand elles font une concession, c'est qu'elles méditent un avantage prochain, ou qu'elles redoutent la perte d'un bienfait déjà acquis. Jamais roi ne fut mieux servi dans sa politique que ne l'est en ce moment celui des Belges par M. Jules Van Praet, le ministre de sa maison, à tel point qu'on pourrait se demander lequel des deux, du ministre ou du roi, est le plus chaud partisan des d'Orléans, le plus secrètement hostile à Louis-Napoléon. Que le roi Léopold se rende à Wiesbaden, qu'il y voie les sommités princières du continent ; que tantôt il soit assis au milieu de la famille d'Orléans, tantôt à une distance respectueuse de certains autres princes, cela peut, à la rigueur, prendre le caractère de la courtoisie et des égards dus, d'un côté à l'infortune, de l'autre à la puissance qu'on caresse. Mais qu'un ministre, M. Van Praet, devenu l'âme des conseils de son maître, entretienne à grands frais en France des agents secrets qui s'infiltrent dans toutes les sociétés hostiles au gouvernement français, qui nouent des relations avec des agitateurs, cela ne se conçoit plus. N'est-ce pas réellement conspirer dans l'ombre, avec son propre argent, pour sa propre satisfaction, pour la réalisation sérieuse de sa pensée ? N'est-ce pas dire à l'Europe : Le peuple belge ne conspire pas, mais la cour conspire.

Qu'un Français se rende en Belgique recommandé par un personnage orléaniste éminent, il trouvera au château accueil, protection et sécurité individuelle.

Qu'un autre s'y présente sous le bénéfice du protectorat napoléonien, on sera poli, comédien à son égard ; mais, par le fait, la lettre de recommandation ne sera qu'une lettre de cachet.

En ce qui regarde la presse belge, celle-là se trouve placée dans de curieuses conditions politiques. Elle peut, en vertu de la constitution belge même, se dispenser de faire connaître les auteurs de l'article ; mais, s'il arrive, comme on l'a vu naguère, qu'elle traite des sujets politiques concernant le chef du gouvernement français, et de nature à éveiller sa susceptibilité, surtout lorsqu'il y a tendance à le déconsidérer aux yeux de sa nation, s'il arrive alors que ce gouvernement s'adresse au cabinet belge pour réclamer la réparation légale de l'offense, aussitôt ce cabinet semble courroucé contre les auteurs des articles ; il s'engage solennellement à les déférer aux tribunaux ; et, à le voir opérer, on croirait vraiment qu'il se trouve heureux de saisir l'occasion favorable de prouver sa sympathie pour son voisin ; il ajoute même : Que deviendraient les chefs des états s'il n'y avait pas entre eux une mutuelle solidarité de bienveillance ?

Le gouvernement français attend la réalisation de cette promesse ; il y croit, parce que sa politique, à lui, est franche et loyale, parce que ses engagements sont sacrés, parce qu'il n'est ni Anglais ni Carthaginois. Mais voici venir l'heure des débats devant la Cour d'assises du Brabant, siégeant à Bruxelles, et les fauteurs des articles incriminés, après avoir posé quelques heures en victimes politiques, s'en reviennent acquittés, paisibles et prêts à recommencer avec une nouvelle audace, parce qu'ils ont trouvé l'impunité où ils devaient trouver le châtiment.

Du reste, ni leur émotion, ni leur extérieur, ne trahissent une crainte présumée : tout le monde sait combien le coupable est tranquille quand il a quelques bons motifs de compter sur la bienveillance, sur les bons sentiments de ses juges.

Or, pouvaient-ils compter sur cette mansuétude de la part de leurs juges ? Je le dis hautement : oui ; et j'ajoute, comme preuve irréfutable, le compte-rendu fidèle des débats qui ont eu lieu le 20 mars 1852 devant la Cour d'assises à Bruxelles dans l'affaire du *Bulletin français*, publication orléaniste rédigée par le comte d'Haussonville et Alexandre Thomas.

Voici ce qui résulte de la déclaration du comte d'Haussonville devant le jury du Brabant, telle que nous la lisons à la 4ᵉ colonne de la 3ᵉ page du numéro de l'*Emancipation belge* du 21 mars 1852 :

« M. Rogier, ministre de l'intérieur, chef du cabinet belge, voulut bien passer chez M. le comte d'Haussonville pour lui faire savoir verbalement que, s'il était un des auteurs du *Bulletin français, et s'il persistait à le faire paraître, il serait forcé de l'expulser.* M. le comte d'Haussonville déclara au ministre qu'en effet il prenait part à cette rédaction, et M. le ministre ajouta : *Je serai forcé* de sévir. Mais, ajoute M. le comte d'Haussonville, le ministre s'excusa *dans des termes de bienveillance dont je lui exprime ici ma*

*reconnaissance et qui concordent peu avec les attaques de M. le procureur gé-
néral.*

Il résulte de ces faits : 1° que M. le ministre Rogier se serait content
d'un simple avis tout bienveillant, si M. d'Haussonville n'eût pas persist
à faire paraître le *Bulletin*; 2° qu'une fois l'aveu fait, si le ministre sévis-
sait, *c'était à contre-cœur, pour obéir à une simple exigence politique; mais qu
M. d'Haussonville n'en conservait pas moins sa sympathie, ce qui se prouve pa
cette bienveillance et ce regret que le ministre éprouve dans cette visite qu'
fait en personne.*

Sans doute, il fallait quelque chose de plus que le nom que porte M. l
comte d'Haussonville pour qu'un ministre descendît jusqu'à lui et lu
fît hommage de son déplacement et de cette espèce de peine morale qu'i
éprouvait en pareille occurrence. Le ministre eût préféré que M. d'Haussonville n'eût pas été orléaniste, il ne se serait pas dérangé, et les attaque
du procureur général n'eussent pas paru à M. d'Haussonville si contraire
aux bons offices du pouvoir.

L'*Indépendance belge*, dont l'orléanisme n'est que déguisé, a pour colla
borateurs M. Théodore Juste, M. Tardieu, Français; pour principaux cor
respondants particuliers à Paris MM. Jules Lecomte, Gustave Robert e
Justin, et pour rédacteur en chef M. Perrot.

L'*Indépendance*, organe du ministre Rogier, a été l'arsenal de la publi
cation du *Bulletin français*. C'est M. Perrot, son rédacteur en chef, qui e
a fourni le personnel ; — et, pour montrer combien le gouvernement fran
çais a de confiance dans les organes principaux de l'*Indépendance belge*, i
faut qu'on sache que, pendant que M. Perrot était à Paris pour traiter ave
la France d'affaires belges commerciales, ce qui devrait impliquer mu
tualité de confiance, l'*Indépendance* elle-même était saisie à la poste plu
sieurs jours de suite.

La publication orléaniste du *Bulletin français* ne serait qu'un fait isolé
si les principes qui en découlent n'étaient que l'œuvre des rédacteurs incri
minés ; mais, d'après le témoignage de M. d'Haussonville, elle est so
œuvre à lui et à ses amis restés en France.

En ce qui touche M. Tardieu, Français, et l'un des rédacteurs de l'*Indépendance*, M. d'Haussonville avoue que celui-ci s'est montré *d'une extrêm
complaisance*. Ainsi, le rôle déguisé des rédacteurs de l'*Indépendance* se ré
vèle par le compte-rendu fait par l'*Émancipation* du 20 mars 1852, qu
nous avons sous les yeux. Sa prudence à ne se faire que complaisant, et no
collaborateur apparent, s'explique par cette seule raison que, se trouvan
les organes du pouvoir belge lui-même, il engageait sa responsabilité vis
à-vis du gouvernement français, au lieu qu'en rédigeant eux-mêmes la pu
blication du *Bulletin français*, sous le nom de leurs protégés MM. d'Haussonville et Ardouin, on portait au gouvernement le coup prémédité e
laissait le pouvoir belge en dehors de toute responsabilité personnelle.

Ces Messieurs de l'*Indépendance* avaient tant à cœur de conserver près
d'eux le sieur Ardouin, qu'ils s'étaient contentés de le garder un an, après
lequel il deviendrait économe du Jardin zoologique.

La comédie judiciaire qui s'est déroulée devant la Cour d'assises de

Bruxelles a eu pour conséquence de révéler : d'abord la coopération secrète des rédacteurs de l'*Indépendance* à une publication orléaniste, ensuite l'abus monstrueux de l'autorité, afin d'amener l'acquittement de d'Haussonville et de Thomas.

Après l'acquittement du journal bruxellois *la Nation*, poursuivi sur la plainte de M. l'ambassadeur français près du roi des Belges, nous voyons l'*Observateur belge*, organe avoué du ministère belge, se livrer impunément à des attaques réitérées contre le gouvernement français et contre le président.

Comment expliquer cette attitude hostile de la presse ministérielle belge, si ce n'est qu'on tolère son langage ou qu'elle ait mission d'agir comme elle le fait?

Les généraux Changarnier et Lamoricière ont été admis à la Cour de Bruxelles, de l'aveu de plusieurs journaux belges. Comment encore expliquer ces relations suivies avec ces conspirateurs orléanistes contre l'ordre des choses subsistant en France depuis le 2 décembre 1851 ?

La duchesse d'Orléans s'est rendue à Wiesbaden, où se trouvait le roi des Belges, le ministre plénipotentiaire belge à Londres van de Weyer, le ministre van Praet et plusieurs sommités diplomatiques et des orléanistes avoués : comment expliquer ces entrevues des chefs d'un parti, si ce n'est dans un but politique? N'a-t-on pas le droit de croire par ces éléments, et des renseignements privés, qu'on organise un nouveau Coblentz ou une conspiration orléaniste?

Les généraux Changarnier et Lamoricière ont, au dire des journaux belges, été reçus par la duchesse d'Orléans, lorsqu'elle se trouvait en Belgique. Est-ce encore là un fait isolé, sans portée, qu'on n'a pas le droit de rapprocher d'autres faits tout aussi singificatifs, au point de vue politique ?

L'ancien représentant orléaniste Creton a publié, à Londres et à Bruxelles, une brochure sous le titre : *De la forme républicaine en France*. — Il y reconnaît l'existence de projets insurrectionnels arrêtés pour décider de ce qu'il appelle l'avenir de la France. M. Creton ne laisse-t-il pas échapper un aveu précieux à recueillir? Son langage n'est-il pas une révélation qui vient corroborer tous les faits politiques qui sont posés?

Une brochure orléaniste imprimée à Londres et répandue à Bruxelles et ailleurs, sous le titre : *Une Voix mystérieuse*, renferme ce passage, à la page 22 : « Bonaparte tombera. Il tombera par la paix ou par la guerre, par le peuple ou par l'armée, par une émeute ou par un complot ; il tombera. Au moment le plus inattendu, vous verrez s'écrouler son édifice. » Plus loin on lit, à la page 23 : « La révolution qui s'apprête sera-t-elle aussi bénigne? »

Quoi de plus manifeste que ces révélations échappées à la plume, que les rapprochements importants de tant de menées isolées de l'orléanisme?

M. Lourdoueix, de la *Gazette de France*, a fort judicieusement jugé le véritable péril de la situation quand il a écrit ces lignes :

« Le parti orléaniste est, de tous les partis, celui qui possède au plus haut degré la faculté de s'infiltrer. Sceptique en politique; croyant, comme le déclarait encore son organe le *Journal des Débats*, « QU'IL N'Y A PAS DE DROIT SUR LA TERRE »; ne voyant jamais dans un gouvernement que le fait de son existence, rien ne l'empêche de s'approcher de ce fait, de refléter sa couleur, de parler son langage, de s'introduire en lui, en promettant, en lui jurant de le servir; de pénétrer ainsi dans le gouvernement et l'administration, de s'emparer de l'autorité partout où elle s'exerce, et, à l'aide de ces positions acquises, de se patronner lui-même près des électeurs, pour s'approprier également la part qui est laissée à la liberté représentative.

» Obséquieux, flatteur, paré de dévouement pour le chef du gouvernement, il semble lui dire : *Le zèle de votre maison me dévore*; mais, en s'infiltrant dans ce pouvoir, épouse-t-il en effet sa cause? Se dépouille-t-il de sa nature, de ses précédents et de ses passions? Nullement. Il conserve sous les broderies son esprit, ses tendances et ses affections; il ne s'abdique pas, il se transforme et *se conforme*. Il ne sert pas l'autorité, il se sert d'elle pour arriver à son but, qui est de produire un gouvernement *sui generis*, un gouvernement d'usurpation monarchique, de monopole et d'arbitraire.

» Comment mettrait-on en doute la faculté puissante qu'il a de s'assimiler à tous les pouvoirs pour les absorber et les détruire? Ne l'a-t-on pas vu exécuter cette absorption sous le régime de la Restauration? Ne s'était-il pas emparé de la royauté par M. Decases en 1815 et par M. de Martignac en 1829, malgré l'antagonisme de principes qui existait entre la légitimité et l'usurpation? N'a-t-il pas fait, hier encore, quelque chose de plus prodigieux encore en s'infiltrant après 1848 dans la République démocratique par le vote universel lui-même? Comment, après ces exemples, s'étonner de ce qui se passe sous nos yeux ?

» Ce qui fait toute la gravité de ce danger, c'est que, fidèle à sa nature et à sa mission néfaste, il ne se borne pas à s'infiltrer dans le gouvernement et dans les institutions; il travaille toujours à neutraliser et à absorber, à l'aide du mirage *de la fusion*, une fraction du parti légitimiste; il entraîne en même temps dans son action les républicains platoniques, en laissant seulement les chefs ingénus de ce parti en dehors de l'attraction qu'il exerce sur leurs soldats.

» Ainsi, sa double affinité monarchique et révolutionnaire lui servira à fausser les tendances de toutes les opinions consciencieuses; et le mouvement subversif qu'il s'efforce d'imprimer aux événements réveille les Titans socialistes sous les rochers où on les avait ensevelis. Qui n'a pas entendu répéter que les sociétés secrètes se réorganisent et que l'espérance est rentrée dans des antres obscurs où elle ne devait plus pénétrer?

» Ce réveil des factions anarchiques est la conséquence naturelle et constante du travail de l'esprit orléaniste. Jamais cet esprit ne s'est remué, jamais il ne se remuera sans dégager des profondeurs de la civilisation les passions usurpatrices de la propriété. Car l'usurpation forme une chaîne dont le premier anneau s'appelle l'orléanisme et dont le dernier anneau s'appelle le communisme. »

M. Thiers a le caractère de chef du parti orléaniste; il est l'adversaire prononcé de la fusion, le confident intime de la duchesse d'Orléans, sur laquelle il exerce une haute influence et qu'il vient de revoir en Suisse, après qu'elle a vu le roi des Belges au congrès orléaniste de Wiesbaden.

M. Thiers a déterminé la duchesse à faire des sacrifices pécuniaires, en soudoyant des démocrates pour les faire agir ; des sommes importantes ont été mises à la disposition des meneurs démocratiques à Londres, à Bruxelles, à Paris ; l'agent orléaniste, M. Bocher, a été chargé de remettre des sommes à des démagogues connus.... Se servir de faux démocrates soudoyés ; s'appuyer sur les fonctionnaires orléanistes, sur les sommités militaires ; s'infiltrer partout, faire des sacrifices à propos, saisir toutes les circonstances, et profiter des événements : tels sont les moyens d'action de l'orléanisme.

Les Conspirations des démagogues en 1852.

L'horizon, à peine éclairci, semble se couvrir à l'étranger et en France des sombres nuages de la révolution et des séditions. Londres et Bruxelles sont les centres où se rattachent toutes les machinations, toutes les sourdes tramés des démagogues. Les ultra-démocrates de l'émigration italienne, personnifiés en Mazzini, et les ultra-démocrates français, personnifiés en Ledru-Rollin, y ont conclu une alliance étroite pour bouleverser la France et l'Italie.

Les deux comités politiques italien et français sont intimement unis pour travailler à leur œuvre de destruction. La société dite *des Amis de l'Italie*, à Londres, tient ses séances dans Music-hall, Shore street.

Le comité directeur est composé de MM. Giuseppe Mazzini, Aurelio Saffi, Mattia Montecchi, Cesar Agostini, Maurizio Quadrio, secrétaire.

Le 9 juin 1852, ce comité national italien a adressé un manifeste virulent au conseil de la Société des Amis de l'Italie ; manifeste incendiaire, où on révèle les projets arrêtés de bouleverser l'Italie et les différents états du continent. Au milieu des diatribes fulminantes contre les différents gouvernements de l'Europe, on y lit ces lignes significatives :

« Il est plus que jamais nécessaire que tout ce travail, que vos manifes-
» tations individuelles et collectives redoublent d'activité et d'ardeur ; le
» temps est proche où, selon toute probabilité, les opprimés renouvelle-
» ront la lutte avec leurs oppresseurs ; un temps où nous devrons vous de-
» mander plus que vous ne pouvez donner aujourd'hui : une série d'actes
» décisifs, efficaces, etc. »

Plus loin : « Vous ne pouvez permettre qu'une politique incertaine soit
» encore suivie au jour de la sainte bataille, lorsque la crise éclatera, la
» crise dont l'année 1848 n'a donné que le programme... »

Plus loin : « La résurrection de l'Italie entraîne avec elle le renouvelle-
» ment de la carte de l'Europe : les événements européens sont inévitable-
» ment liés les uns aux autres. »

Ce manifeste, signé Giuseppe Mazzini, Aurelio Saffi, Mattia Montecchi, Cesar Agostini, Maurizio Quadrio, secrétaire, a été publié et envoyé partout à un nombre considérable d'exemplaires.

Les déclarations positives du manifeste, qu'une crise révolutionnaire se prépare, ne peuvent laisser le moindre doute sur la réalité de projets arrêtés et des moyens d'exécution.

L'Association fraternelle des réfugiés politiques français à Londres n'est pas moins prononcée dans ses projets de bouleverser la France. Ledru-Rollin, Louis Blanc, Pyat, Cœurderoy, Vauthier, Bianchi, Naquet, Cabet, Caussidière, Magen, Xavier Durieux, Albert Darasz, Arnold Ruge, et tant d'autres, après s'être occupés de fonder un journal sous ce titre : *l'Europe libre*, ont arrêté un plan *de disposer les esprits par des écrits incendiaires, de correspondre secrètement avec les anciens meneurs du parti en France.*

M. Xavier Durieux a publié une première brochure contre le gouvernement français, que l'on a introduite en fraude en France.

On y lit : « Bientôt, bientôt, la grande voix du peuple se fera entendre ! »

MM. Cœurderoy et Vauthier, dans une autre brochure, reconnaissent que le plan de bouleverser la France est arrêté.

M. Hippolyte Magen a publié chez M. Jefs, éditeur à Londres, un ouvrage intitulé : *les Mystères du 2 décembre*. Cet ouvrage, répandu en Belgique, était destiné à être introduit clandestinement en France ; dans les premiers jours du mois de juin, la douane française opéra, dans le rayon de la frontière belge, la saisie d'un ballot de volumes des *Mystères du 2 décembre*, que l'on voulut passer en fraude.

Les aveux que renferme ce volume sont parfois curieux et dignes de l'attention publique. M. Magen, exilé à la suite des événements de décembre 1851, au milieu d'outrages les plus violents contre le chef de l'état, avoue qu'une révolution *se prépare et qu'elle sera sanglante.*

A Bruxelles, le journal socialiste *la Nation* reçoit des communications de Mazzini et de Ledru-Rollin, des réfugiés de Londres, dont il est devenu l'organe spécial.

La Nation a pour rédacteur en chef M. Louis Labarre, Belge ; mais la plupart des articles contre le gouvernement français et le chef de l'état émanent de réfugiés.

Le 5 juin 1852, Louis Labarre, poursuivi sur la plainte de l'ambassadeur français pour fait de publications d'articles offensants envers le Président de la République française, a avoué à l'audience de la Cour d'assises que les articles incriminés étaient l'œuvre de Français, mais qu'il en assumait la responsabilité. Il y a eu acquittement, par la raison qu'on avait arrangé le procès de manière à le produire.

La Nation de Bruxelles a signalé l'existence de projets arrêtés d'une révolution prochaine. Enfin, toutes les publications faites à Londres et Bruxelles révèlent l'existence de machinations ourdies pour déconsidérer et puis renverser le gouvernement établi en France. Ces sentiments se trouvent nettement exposés.

Déjà, peu de jours avant les fêtes militaires du 10 mai, plusieurs réfugiés français, entre autres M. de Ribeyrolles, ex-rédacteur de *la Réforme* de Paris, avaient quitté Londres pour se rendre en France par la Belgique, dans l'attente illusoire d'événements politiques, si un mouvement révolutionnaire éclatait à la suite de la proclamation de Louis-Napoléon comme empereur des Français.

Quelques gitateurs de la capitale, les Recurt, les Launette et autres, avaient éclaté en menaces ; les exaltés attendaient l'événement.....

Un réfugié français à Londres, M. Vilain, ex-mécanicien à la Villette, connu par la fougue de ses opinions exaltées, a émis plusieurs projets insensés de construire une machine infernale.....

Le sieur Favre, médecin, quai d'Austerlitz, n° 3, à Paris, entretenait une correspondance avec des réfugiés français. — Un complot pour faire des préparatifs d'une nouvelle tentative insurrectionnelle s'organisa au sein de la capitale. Il se recruta dans les rangs d'anciens membres de sociétés secrètes, parmi ces hommes démoralisés par les enseignements révolutionnaires, qui se font illusion sur leur faiblesse numérique, et leur impossibilité de résister à la force sociale armée pour les comprimer et les punir.

L'autorité déjoua ces manœuvres insensées le 30 juin, en les surprenant dans une maison de la rue de la Reine-Blanche, près de la barrière de Fontainebleau, au moment qu'ils préparaient de la poudre, des balles, de la mitraille, des tuyaux enlevés à des égoûts, construisaient de petits canons, des tubes de fort calibre destinés à leur œuvre de destruction.

On opéra l'arrestation des individus prévenus de participation à cet insensé complot, et dont voici les noms :

Ménicier, marchand de beurre, à Batignolles ; Ménard, charron, rue Sainte-Placide, 11 ; Gradelet, dit Francœur, tailleur, rue des Noyers, 39 ; Martin, employé aux Gobelins ; Moreau, imprimeur, rue de Charenton, 151 ; A. F. Fiquet, veuve Bodin ; Françoise Haniquenne, femme Bergeron, dite Henry ; A. F. Dejean ; A. Balduc ; A. Ravelin ; Benoît, dit Martial ; Ch. Pelletier, ex-instituteur ; Brasseur, ouvrier ébéniste ; Pierre Durand ; son fils ; Regnier, tailleur ; Corpeza, laitier ; Fredin, tailleur de pierres ; Triozou, tailleur de pierres ; Berthé, cordonnier ; Poulain, femme Soldet, bordeuse de souliers ; Habert ; femme Delestang ; Monnais, tailleur ; Favre, docteur-médecin ; Lenormand, interne à l'hôpital d'Orléans ; C. Corbet, ancien détenu de Belle-Isle ; Viguier, ex-lieutenant d'artillerie de marine.

D'autres sociétés secrètes sont en voie d'organisation. La faction orléaniste les encourage, et a fourni des fonds à quelques meneurs....

Les partis, comme les hommes politiques, consultent ce que les Anglais appellent les signes du temps, c'est-à-dire cette réunion de circonstances et de symptômes qui dessine la physionomie d'une situation. Or, en interrogeant les faits on reconnaît aisément qu'à Paris comme dans certains départements, les démocrates-socialistes trament dans l'ombre, de manière à échapper à la vigilance de l'autorité. Il est impossible de voir une réunion fortuite et momentanée de quelques milliers d'agitateurs qui espèrent faire renaître des catastrophes révolutionnaires pour assouvir des besoins individuels de vengeance et de cupidité : tout repousse une pareille explication.

Si tant d'éléments divers pouvaient laisser du doute sur la combinaison systématique de tous ces moyens de destruction, il faudrait renoncer désormais à trouver rien de certain dans les motifs des actions humaines.

Il n'est que trop évident que toutes ces menées, toutes ces attaques par la presse étrangère, aboutissent à un centre commun, dont les formes ont pu varier, mais dont la tendance est inflexible, et dont les moyens d'action restent les mêmes.

Ainsi, pour quiconque considère les éléments anarchiques des légitimistes, des orléanistes et des démagogues, il verra que, s'ils sont divisés par une haine mutuelle, ils ont fait un concordat tacite au nom d'une haine commune, et en vue d'une même pensée de discorde dirigée contre le gouvernement français.

CONCLUSION.

Les faits que nous avons dévoilés établissent par quelles machinations tramées dans l'ombre, les divers partis tentent de saper l'édifice social fondé en France, pour ébranler encore, dans ses malfaisantes étreintes, le monde, qui semble avoir retrouvé quelque équilibre et respirer enfin après tant de néfastes jours.

A cinquante ans de distance le nom de Napoléon devient un symbole de la civilisation moderne, et l'axe providentiel sur lequel gravite le monde moral et politique. Le neveu consolide l'œuvre immortelle de l'oncle, et sept millions et demi de suffrages le sacrent, le 20 décembre 1851, sauveur, libérateur et souverain populaire de son pays.

La vie politique circule dans toutes les artères de la France. Ce n'est pas la volonté d'un homme qui domine dans les affaires du pays : l'initiative du chef de l'état est circonscrite par le Conseil d'état, qui juge et rectifie ses projets ; le Corps législatif, issu du suffrage universel, les approuve ou les rejette ; le Sénat les sanctionne ou les annule.

Le Président propose et exécute, le Corps législatif discute et vote la loi ; les Conseils généraux et communaux administrent les intérêts locaux, déterminent la répartition locale des impôts et des contributions publiques.

Si vous examinez les actes, vous voyez les lois des finances, l'activité prodigieuse imprimée à l'achèvement des chemins de fer, la réforme d'une partie de notre régime pénitentiaire, la merveilleuse impulsion donnée à tous les grands travaux, les encouragements octroyés aux lettres et aux beaux-arts ; vous voyez ailleurs les mesures admirables prises pour assurer à la famille son repos, à la propriété ses garanties, au commerce sa sécurité, à la justice terrestre son autorité.

Si vous examinez les actes des meneurs politiques, vous voyez qu'ils veulent troubler l'harmonie politique ; qu'une minorité factieuse veut s'in-

surger contre la volonté librement exprimée par le suffrage universel par
environ huit millions de citoyens ; vous voyez les anarchistes semer la
guerre civile avec tous ses excès, assassiner, avec tous les raffinements et
toutes les lâchetés, de braves soldats, des préposés au maintien de l'ordre
public ; vous les voyez, comme à Bédarieux, oublier les derniers sentiments qui subsistent encore dans les cœurs les plus dépravés ; vous voyez
la justice les frapper, et le chef de l'état arrêter le glaive de la loi pour que
l'échafaud politique ne soit plus rougi de sang ; vous le voyez exercer sa
clémence autant qu'elle peut se concilier avec les nécessités de la sûreté
publique.

Le peuple sert depuis trop long-temps de victime et d'instrument à tous
les tristes meneurs politiques, et tant d'années d'expérience ont fait éclore
les actes utiles que le Président a posés depuis qu'il est au pouvoir.

Tous les hommes qui se piquent d'aimer l'ordre allié à une sage liberté
se sont empressés de reconnaître les éminents services que Louis-Napoléon
a rendus à la France et à l'Europe.

Personne, en France, et même en Europe, ne peut, après l'expérience
des sanglantes années écoulées, voir de sang-froid renaître le despotisme
des partis révolutionnaires.

Mazzini pourra-t-il encore ensanglanter les rues de la cité romaine et
immoler d'innocentes victimes sur les parvis sacrés des temples ?

Les socialistes poursuivront-ils de nouveau la famille et la propriété ?
Les légitimistes, les orléanistes, devront-ils amener une guerre civile pour
que l'une ou l'autre branche triomphe dans le sang ou au milieu des ruines ? Veut-on enfin que d'un bout à l'autre de notre antique continent on
se demande par heure : Vivrons-nous ou périrons-nous ?

Depuis l'avénement de Louis-Napoléon, nul changement, depuis l'ori-
gine des sociétés, n'a été plus général ni plus spontané. Un phénomène
aussi général vaut bien la peine d'être compté pour quelque chose : nous
ne pouvons pas empêcher que ce qui a été fait ne soit fait ; c'est comme
un tremblement de terre qui a ensanglanté une vaste cité sur les ruines de
laquelle il en a bâti une autre, comme Portici sur Pompéi. Ira-t-on, pour
exhumer l'ancienne, renverser la nouvelle ? Aucun homme sérieux, sans
doute, ne pense à un tel bouleversement. Le désordre inséparable d'une
grande catastrophe n'a pas permis de tout reconstruire encore sur un plan
régulier : laissons l'œuvre au temps et aux circonstances ; mais respectons
l'ensemble, et ne nous attachons qu'à donner aux détails qui le composent
de l'harmonie et de la régularité.

Réalisons franchement le système politique qui a prévalu, et que 8 millions de suffrages ont consacré : c'est par cette réalisation que nous arri-
verons véritablement à maintenir la société sur ses bases.

686. — Paris, imprimerie Guiraudet et Jouaust, rue Saint-Honoré, 338.

www.ingramcontent.com/pod-product-compliance
Lightning Source LLC
Chambersburg PA
CBHW070826160726

PP18578800001B/44